AF509577

LES

FÊTES FORAINES

ET

LES ADMINISTRATIONS MUNICIPALES

PAR M. FRÉDÉRIC PASSY

MEMBRE DE L'INSTITUT

PARIS

ALPHONSE PICARD, ÉDITEUR

LIBRAIRE DES ARCHIVES NATIONALES ET DE LA SOCIÉTÉ
DE L'ÉCOLE DES CHARTES.
82, rue Bonaparte. 82.

1883

LES
FÊTES FORAINES

ET

LES ADMINISTRATIONS MUNICIPALES

PAR M. FRÉDÉRIC PASSY

MEMBRE DE L'INSTITUT

PARIS

ALPHONSE PICARD, ÉDITEUR

LIBRAIRE DES ARCHIVES NATIONALES ET DE LA SOCIÉTÉ
DE L'ÉCOLE DES CHARTES,
82, rue Bonaparte, 82,

1883

EXTRAIT DU COMPTE-RENDU
De l'Académie des Sciences morales et politiques
(INSTITUT DE FRANCE)
Par M. Ch. VERGÉ,
Sous la direction de M. le Secrétaire perpétuel de l'Académie.

LES FÊTES FORAINES

ET

LES ADMINISTRATIONS MUNICIPALES.

Franklin nous dit, dans ce trésor de bon sens et d'esprit qui s'appelle la *Science du Bonhomme Richard*, qu'il ne faut souvent qu'une petite voie d'eau pour faire couler un grand navire. Il ne faut, de même, pour gâter une belle existence ou pour atteindre plus ou moins profondément la richesse et la vitalité d'une nation, que de faibles relâchements et des écarts, en apparence insignifiants, dans les habitudes et dans les mœurs. Cette considération sera mon excuse si, parmi tant de graves et savants travaux, je ne soumets à l'Académie que quelques réflexions, assez peu originales, sur un sujet bien modeste, et bien peu fait, à ce qu'il semble au premier abord, pour occuper son attention. Je m'étais proposé, lorsque j'ai accepté l'honneur de faire devant elle une lecture, de l'entretenir d'une des questions les plus délicates de la science économique, la question de la Rente du sol, sur laquelle je ne crois pas inutile de revenir. Le temps m'a manqué pour achever ce difficile travail. Je n'ai d'autre prétention aujourd'hui que de ne pas manquer de parole à notre éminent secrétaire perpétuel.

Je voudrais parler de ces fêtes, dites fêtes foraines, qui ont pris, depuis un certain nombre d'années, un si considérable développement, (dans les environs de Paris surtout), et qui tendent à devenir, dans les diverses communes à tour de rôle, pendant plusieurs semaines à chaque saison, la préoccupation principale des municipalités et d'une partie des populations.

Aux yeux de beaucoup ces fêtes ne sont rien moins qu'un des éléments essentiels de la prospérité locale; et l'on ne saurait faire, pour les encourager et en accroître l'éclat, trop d'efforts et trop de sacrifices. C'est parfois l'un des gros articles du budget, et c'est un des plus populaires. A mon avis c'est un de ceux qui le devraient être le moins, et dont la suppression serait le plus justement réclamée. J'ai essayé, il y a quelques années, sans beaucoup de succès (je m'y attendais) de plaider cette thèse devant un conseil municipal. Il ne m'a pas paru inutile de la reprendre, avec un peu plus de chances de ne pas le faire tout à fait en vain, devant d'autres juges.

Je sais ce qu'on peut alléguer en faveur des fêtes locales. Elles ont pour elles leur ancienneté d'abord; et c'est quelque chose. Elles ont aussi, dans le passé tout au moins, de très notables et très réels services à leur actif. Dans des temps où la difficulté des communications rendait rare et onéreux le déplacement des hommes et des choses, il fallait, pour qu'ils se pussent utilement rencontrer, des rendez-vous périodiques et certains. Les parents, les amis, les voisins, (qui n'avaient pas alors la poste à quinze centimes, et qui n'auraient pas risqué, pour se voir, des courses peut-être inutiles), se rencontraient aux fêtes, et souvent ne se pouvaient rencontrer que là : c'est le cas encore, aujourd'hui même, dans plus d'une région de la campagne. Là se traitaient les affaires de famille, se concluaient les ventes et les baux, se louaient les ouvriers et les domestiques, et se préparaient les mariages. Là aussi se faisaient les achats de vêtements, de denrées et d'objets de ménage. Le commerce sédentaire, qui suppose une clientèle régulière et suffisante, n'existait guère ; le commerce ambulant y suppléait. Il arrivait, par la multiplicité des déballages, à l'étendue du marché et à la continuité de la vente; et il procurait aux consommateurs, en allant vers des groupes, au lieu de laisser venir à lui des individus, une économie de temps et d'argent relativement considérable. De tels bienfaits sont sans prix ; et partout où ils subsistent dans une mesure quelque peu importante, partout où il y a *foire*, c'est-à-dire concours sérieux d'acheteurs et de vendeurs, et non simple rencontre de badauds et d'oisifs, je n'ai rien à dire contre les fêtes. Elles sont (même dans ces cas), l'occasion d'entraînements que l'on peut regretter. On peut déplorer des excès de boisson, des vices, des débauches ; et trouver peu favorable à l'amélioration commune tel spectacle, tel bal ou tel jeu qui attire la foule et que la foule attire. Mais ce ne sont après tout que des faits accessoires, des abus à la rigueur corrigibles, qui ne détruisent pas l'utilité de l'institution ; et l'on ne peut, à cause de l'accessoire, condamner le principal.

Tel n'est pas, est-il besoin de le démontrer, le cas de ces fêtes de banlieue (ou autres du même genre), que j'ai seules en vue. L'accessoire ici est devenu le principal, et il n'y a pas gagné. Ce n'est plus le marchand et l'acheteur que l'on appelle ; c'est le curieux et le désœuvré. Le bateleur, la somnambule, le tireur de loterie, le montreur de phénomènes vivants ou morts, et tout le reste des industriels inutiles ou nuisibles que traîne plus ou moins après elle toute agglomération d'hommes, envahissent la voie publique et y règnent en maîtres. C'est pour eux que l'on vient, pour eux seuls, ou pour le personnel féminin qui les accompagne ou qui les suit. Il s'agit de s'amuser, tout simplement ; et la fête, pour le grand nombre, n'est plus autre chose, en effet, qu'un temps où l'on s'amuse.

Qu'il ne soit pas interdit de s'amuser de temps à autre, ou plutôt de se distraire, je n'ai garde d'y contredire. Il faut du jeu dans les machines, a dit excellemment Turgot ; la machine humaine ne fait pas exception : *neque semper arcum tendit Apollo*. Que tout ne soit pas répréhensible et inexcusable dans les plaisirs et les agréments qu'offrent les fêtes, je l'accorde également. Ce n'est pas un crime, une fois par hasard, de monter sur les chevaux de bois ou d'essayer son adresse au tir hydraulique ; et je ne voudrais pas (peut-être pour cause), me montrer trop sévère pour ceux qui, cédant à la curiosité, sont allés voir *travailler* les lions d'une ménagerie ou les artistes d'un cirque. Ils pourraient bien pourtant, le cas échéant, ne pas se sentir la conscience absolument en repos en présence des mésaventures d'un clown endommagé ou de celles d'un dompteur caressé de trop près par ses pensionnaires.

Mais de là à mettre officiellement (et aux frais des contribuables) l'agitation à l'ordre du jour et à suspendre, pendant deux ou trois semaines, la vie normale dans une commune ; de là à faire de l'avenue, de la place ou de la rue la plus large et la plus fréquentée un camp de bohémiens et à autoriser, à provoquer, à subventionner le rassemblement de tous les embarras, de tous les bruits, de toutes les odeurs, de tous les miasmes et de toutes les exhibitions qu'en temps ordinaire on s'efforce d'éviter et de proscrire, on conviendra qu'il y a loin. C'est cependant ce que les municipalités, par les appels qu'elles lancent, par les prix qu'elles offrent, par les réclames qu'elles font, et finalement par l'inconcevable tolérance dont elles couvrent les étalages les plus suspects et les boniments les plus indécents, semblent à l'envi s'efforcer de faire. En temps ordinaire le tapage (nocturne tout au moins) est interdit. En temps de fête les orgues à orchestre, les tambours, les trombones, les sifflets à vapeur et les pîtres peuvent impunément, jusqu'à minuit et au-delà, faire assaut de vacarme, et priver de sommeil les habitants paisibles, au risque d'empêcher les malades de guérir et de rendre fous les gens nerveux. En temps ordinaire il n'est pas reçu qu'on se livre, fenêtres ouvertes et rideaux levés, à toutes les opérations de toilette et de ménage que comporte notre pauvre nature humaine. En temps de fête on ne connait plus ces pudeurs et ces délicatesses. Le nomade, qui ne rougit pas de suivre

la nature, ainsi que le recommande en latin la philosophie,
habite, comme le sage, une maison de verre (ou de toile, cela
revient au même), où tous le peuvent voir, qui en passant,
qui mieux encore des appartements qui le dominent, laver
son linge sale en public, quoique en famille, et se livrer à
l'aise à toute espèce d'exercices. En temps ordinaire on prend
soin de tenir les rues propres, de les balayer, de les arroser
et l'on n'y tolère le séjour d'aucune immondice. En temps
de fête les rues deviennent bon gré malgré des dépotoirs
communs ; car il faut bien qu'elles reçoivent tout ce qu'y
peuvent avoir à déposer, du matin au soir et du soir au
matin, les centaines de gens et de bêtes dont elles sont la
demeure. Et quelques précautions extraordinaires que l'on
puisse prendre pour les nettoyer et les désinfecter, le sol en
est, pour longtemps, saturé et l'air empoisonné. En temps
ordinaire, enfin, on cherche, pour prévenir la propagation
des maladies contagieuses, à isoler les personnes qui en
sont atteintes et à renfermer le mal dans un étroit foyer.
En temps de fête, on laisse le champ libre à la rougeole, à
la scarlatine, à la diphtérie, que promène de place en place,
à l'instar du pèlerinage de la Mecque, la sainte caravane :
et l'on regarde insoucieusement hommes et femmes, vieil-
lards et enfants s'entasser dans les réduits où se ramasse,
avec la vermine, le germe de toutes ces affections. Il me serait aisé d'établir, par des faits positifs, que je ne dis rien
de trop. Je pourrais montrer ici une épidémie importée tel
jour par telle troupe et passant avec elle de localité en localité ; là un promeneur frappé en pleine poitrine par une
balle échappée d'une carabine, et ailleurs une autre balle,
par hasard moins malfaisante, atteignant au passage la
caisse d'un tramway ; ailleurs encore un jeune homme, attiré par l'une de ces sirènes trop lucides qui prédisent le
passé, exploitent le présent et ne réussissent pas toujours à
s'assurer l'avenir, assassiné dans la baraque où il a eu
l'imprudence de chercher sa bonne aventure ; partout les

filous, les voleurs, les ivrognes, les rôdeurs de barrière et leur monde accourant comme les vautours à la curée ; les querelles succédant aux querelles ; la police sur les dents ; les habitants honnêtes écœurés ; et les yeux et les oreilles des enfants, des jeunes gens, des ouvriers et des domestiques livrés sans relâche et sans pitié aux plus déplorables enseignements. Étrange inconséquence ! On s'efforce, dans les écoles, de donner aux générations nouvelles des idées justes de toutes choses. Et l'on installe, sur les places publiques, *avec l'autorisation de M. le Maire,* des chaires de mensonge où l'on débite les plus énormes absurdités et les plus dangereuses sottises ! L'instituteur explique de son mieux à ses élèves ce que c'est que l'électricité et comment elle se produit et s'accumule. Et la femme électrique, cachant sous ses jupes le tabouret isolant qui la supporte et l'ingénieux appareil qui lui fournit du fluide, apitoye les naïfs sur l'infirmité dont elle est atteinte depuis qu'elle a eu le malheur d'être piquée par le poisson torpille ! Nous nous épuisons, tous tant que nous sommes, moralistes, économistes ou autres, à répéter, avec le fabuliste, que le travail est un trésor : le seul trésor véritable ; car c'est celui d'où tous les autres sont tirés et sans lequel tous les autres s'évanouissent. Et d'un bout de la France à l'autre, après avoir fait contempler aux badauds, sous un verre grossissant, la pyramide qui représente les cinq milliards maudits, on fait envier à ces malheureux éblouis le sort des Allemands, qui n'ont plus besoin de travailler et à qui rien ne manque ; car ils ont de l'or, et avec l'or on a tout ! La mère de famille tient son fils à l'écart des objets qui pourraient souiller ses regards ou troubler son imagination. Et, derrière un rideau qui se lève pour deux sous, une annonce provocante ou un prospectus habilement glissé dans sa main invite l'adolescent, en ayant bien soin de faire remarquer que ce n'est pas un spectacle pour les enfants, à venir contempler la représentation en cire d'un crime épouvantable, la belle et touchante victime d'un attentat odieux, ou les détails instructifs de l'anatomie des deux sexes! Tous ceux qui aiment leur pays, tous ceux qui ont quelque sentiment et quelque souci de la dignité de la nature humaine, prêchent à l'envi l'économie, la prévoyance, l'ordre, l'empire sur soi-même et l'exacte observation du devoir. Et sous tous les noms, sous toutes les formes, avec cette puissance et cette vivacité d'impression qui s'attache à ce qui frappe matériellement les yeux *(oculis subjecta fidelibus)*, on tourne en dérision tout ce qui est respectable, et l'on met en scène la paresse, la bêtise, la gloutonnerie et le reste. Et l'on s'étonne que ces leçons profitent, et que le vice, l'impudence et le crime n'attendent plus le nombre des années! Ce serait le contraire qui devrait surprendre. Il y a quelque part, dit-on, sur le chantier (sur un chantier qui n'est pas trop solide, peut-être), une loi tout spécialement préparée à l'intention de la fine fleur de la jeunesse française. C'est de la répression, c'est-à-dire de la médecine sociale, ou de la chirurgie. Je ne me harsarderai pas à en apprécier ici la valeur. Je puis bien avouer, tout au moins, que c'est l'hygiène qui, à mes yeux, et sans médire de ses sœurs, mérite la préférence, et que c'est à prévenir, plutôt qu'à punir, sauf à punir quand il n'y a pas moyen de faire autrement, que j'aimerais qu'on s'attachât; *(principiis obsta)*. Le sage qui, dans un moment de folie, avait parié de boire la mer, déclarait, le lendemain, qu'il n'avait pas entendu se charger des fleuves. Si nous voulons tarir la mer d'iniquité, disait un jour, avec sa finesse habituelle, notre regretté confrère M. E. Laboulaye, c'est aux affluents de toute sorte qui l'alimentent qu'il faut nous attaquer.

Je n'ai garde d'entreprendre, à propos de l'humble question que j'ai abordée, la nomenclature de ces affluents. Elle me mènerait loin et m'entraînerait peut-être à des appréciations dont la sévérité paraîtrait à quelques-uns excessive ou paradoxale, Mais je voudrais (qui sait si ce n'est pas le but que je me suis particulièrement proposé?) présenter quelques observations, au moins, aux partisans des fêtes, et discuter les deux principales erreurs (erreurs grossières et pourtant spécieuses puisqu'elles sont presque générales), qui induisent tant d'honnêtes gens à se faire, en toute sécurité de conscience, les défenseurs d'un système à la fois ruineux et corrupteur. L'une de ces erreurs est économique; l'autre est morale.

II

L'erreur économique, hélas! c'est toujours la même; car il n'y en a qu'une au fond, et tout le buisson des sophismes qui encombrent le terrain de la science pousse sur la même souche. C'est celle que Bastiat, dans son incomparable opuscule *« l'Economie politique en une leçon, »* a justement dénoncée comme la mère de toutes les autres. On s'arrête à la surface des phénomènes, au lieu d'aller au fond. On voit ce qui est au premier plan, « ce qui crêve les yeux du corps; » on ne voit pas ce qui est au second, ce qui demande pour être aperçu quelque application « des yeux de l'esprit. » La fête s'ouvre; elle appelle dans la commune son personnel habituel. Ce sont cinq cents personnes, je suppose, mille peut-être, (si c'est une localité qui a la vogue) qui pendant toute sa durée viennent s'ajouter à la population ordinaire. Tout ce monde mange et boit, d'abord, et les bêtes aussi. Et voilà qui fait l'affaire des boulangers, des bouchers, des charcutiers, des marchands de vin, des marchands de fourrages, et par suite de l'octroi, si la commune est de celles qui ont le bonheur d'être dotées de cette bienfaisante institution. Tout ce monde ne vient pas tout seul, ensuite; cela n'en vaudrait pas la peine. Après lui arrive, en nombre dix fois, vingt fois, trente fois plus considérable, la foule des forains, gens de la campagne ou de la ville, habitants de la commune de droite ou de celle de gauche, de celle du midi ou de celle du nord, lesquels tout en se promenant, en regardant, en écoutant les parades et en visitant les baraques, consomment eux aussi et consomment largement; car la poussière ne manque pas, et la poussière altère. Et les cafés, les auberges, les pâtisseries, les rôtisseries de se réjouir d'autant; et l'éternel octroi avec eux. Il y a les droits de stationnement, enfin, qui font un gros chiffre; et les amendes qui n'en font pas toujours un petit; et la besogne que cela donne aux journaux; et les articles sur ceci ou sur cela; et les louanges à l'adresse de la commission des fêtes et de l'intelligente administration municipale; et le reste. Et l'on vous montre tout cela; on l'additionne, on le multiplie, on le commente, on l'enfle, on le grossit. Et l'on vous dit, en faisant miroiter à vos yeux le compte de la fête: « Voyez comme cela fait aller le commerce; et quelle bonne aubaine pour nos recettes ! » On s'habitue si bien à le dire qu'on finit par le répéter de confiance, alors même qu'il n'y a pas bénéfice, alors même qu'il y a déficit, ainsi que cela est arrivé, disent quelque part les mauvaises langues, pour une superbe fête de charité à laquelle pourtant rien n'avait manqué, pas même le zèle et l'entrain d'une aimable actrice qui, ses jarretières à la main, criait de sa voix la plus engageante : « Vingt francs pour les remettre; c'est pour les pauvres. »

En somme, on a attiré chez soi des consommateurs, et on leur a fait faire de la dépense, au détriment de leurs autres satisfactions apparemment, et au détriment de leurs propres communes aussi; car il faut bien que ce soit pris sur quelque chose, et le temps ni l'argent dépensés ici d'une façon ne peuvent l'être là-bas d'une autre. Voilà *ce qu'on voit.*

Et voici *ce qu'on ne voit pas,* et ce qu'il ne serait pas cependant malaisé de voir. C'est que quinze jours auparavant une commune voisine, dont c'était la fête, se tenait à elle-même le même langage et se félicitait, avec tout juste autant de raison, d'avoir fait chez elle boire du vin et manger de la viande aux gens d'à côté, dont elle avait empoché l'argent au profit de ses marchands et de son octroi. Et la semaine d'après une troisième commune s'en dira encore autant, non moins à propos ; et ainsi à la file, de la première à la dernière. Si bien qu'en fin de compte elles ne se devront rien, ou pas grand'chose. Elles se seront grugées à tour de rôle, en se débauchant mutuellement : tout simplement. C'est le jeu des soufflets, au bout duquel personne n'a la joue froide.

Il y a dans les œuvres de Franklin une *note sur le commerce et les manufactures* qui, dans ses quelques lignes, une demi-page à peine. est bien instructive. C'est la démonstration, on pourrait dire la formule mathématique de ce qu'on pourrait appeler les ricochets de la prohibition. Chacun, de proche en proche, en repoussant les produits de son voisin, fait repousser les siens. Et chacun, en fin de compte, dit Franklin, « éprouve une diminution dans la masse commune des jouissances et des commodités de la vie. » C'est exactement l'histoire de nos communes ; c'est l'histoire de tous ceux qui, dupes des premières apparences, et fidèles à la vieille théorie de l'antagonisme des intérêts, s'obstinent à chercher leur bien dans le mal d'autrui. Chacune, en surexcitant chez elle la dépense et en y faisant appel à la dissipation, a cru attirer à elle une partie de la substance de ses voisines. Et chacune, si elle faisait le total des consommations inutiles, des dépenses inconsidérées et des journées perdues dont elle a sa part, se trouverait avoir réalisé une diminution dans son bien-être, dans sa richesse et dans sa moralité. Le travail a été réduit partout, la gêne a été introduite dans une foule de familles, et l'on a semé comme à plaisir des habitudes funestes (et malheureusement plus difficiles à détruire qu'à faire naître) de flânerie, de dissipation, de désordre et de bruit.

Et ceci me conduit à la seconde erreur, l'erreur morale,

plus grave encore à mon sens que l'erreur économique ; et aussi moins excusable, car elle est moins spécieuse et d'un ordre dans lequel on n'a guère le droit de se tromper.

On ne s'imagine pas seulement que les hommes ont besoin d'être poussés à la consommation, comme si ce n'était pas par l'épargne que se font tous les progrès ici-bas, à commencer par le progrès de la consommation elle-même ; car il n'y a pas de récoltes sans semailles. On s'imagine encore que les hommes ont besoin d'être poussés à la dissipation. On professe qu'il faut que le peuple s'amuse, comme on professe qu'il faut que jeunesse se passe ; et l'on professe qu'il faut qu'on l'amuse. On plaisante ces gens moroses qui prétendent que la vie est chose sérieuse. Et c'est ainsi que l'on en vient à mettre l'amusement partout, jusque dans les entreprises d'utilité publique, jusque dans les œuvres de bienfaisance privée ou collective, jusque dans les souscriptions nationales et internationales provoquées par les plus effroyables calamités. Un grand deuil semble n'être plus qu'un heureux prétexte à de belles et joyeuses fêtes. L'amusement prend une telle place dans l'existence, et jusque dans les parties les plus sévères de l'existence, qu'on en est à se demander s'il n'est pas pour beaucoup en train d'en devenir le fond, et si nous ne finirons pas par n'être plus qu'un peuple qui s'amuse.

Je n'hésite pas à le dire, c'est là une pente déplorable, et sur laquelle il n'est que temps de s'arrêter. La vie n'est pas une partie de plaisir ; et qui la prend comme telle risque fort d'apprendre à ses dépens la vérité du mot du poète : « Le rire est près des larmes. »

Et que l'on ne dise pas que rien n'est plus doux et plus bienfaisant que le rire : le rire n'est pas le ricanement. Que l'on ne parle pas de la nécessité du délassement : le délassement n'a rien de commun avec cette agitation perpétuelle qui n'est qu'une perpétuelle fatigue, pas plus que l'apaisement légitime et salutaire de la soif ne ressemble à cette recherche incessante et toujours inassouvie d'excitants qu'on appelle se rafraîchir. Le délassement est une détente; et l'amusement érigé en système et passé en habitude est une tension de plus en plus intense. Que l'on n'invoque pas la gaîté française : rien n'est plus différent de la gaité, rien n'est plus antipathique à la gaîté, rien n'est plus profondément triste, en un mot, que ces lazzis grossiers et bêtes, que ces caricatures immondes, que ces plaisanteries obcènes, dont on est humilié de voir des Français faire leurs délices, que cette manie enfin de chercher toujours le côté bas ou ridicule des choses et des hommes avec laquelle un Cicéron n'est plus qu'une verrue, un Villemain une bosse, un Mirabeau une écumoire et tel autre un ventre ou un œil de verre. La gaîté est un des assaisonnements de la vie, et parfois l'un de ses plus utiles ressorts; elle n'en est pas le but. Pareille au vin, dans lequel tant de gens prétendent la chercher et ne trouvent que l'hébêtement et l'accablement, elle n'est bonne qu'à la condition d'être naturelle, et d'être prise à dose modérée. Elle ne se commande pas à volonté par des procédés artificiels ; elle naît spontanément, à son heure, du sentiment du devoir accompli et de la satisfaction de son résultat; et elle le rend plus facile en le rendant plus savoureux. Elle fait aimer le travail, la famille, le foyer, qu'elle éclaire et qu'elle échauffe de son doux rayonnement. L'amusement gâte et fait prendre en dégoût tout cela. Il nous pousse hors du foyer, hors de la famille, hors de la cité, hors du devoir, hors de la profession, hors de nous-mêmes, qui finissons par ne plus nous pouvoir supporter qu'à la condition de nous étourdir, et nous fait vivre, comme ces malheureux animaux qu'on force à danser en les posant sur un plancher brûlant, toujours en l'air.

Je n'ai aucun goût pour les exagérations d'aucune sorte, et je ne voudrais pas mettre sur le compte des seules fêtes locales tout ce que nous avons, à mon avis, à déplorer en ce genre. Je ne voudrais pas non plus englober dans une même réprobation, juste à l'égard des uns, injuste à l'égard des autres, tout le personnel de ces fêtes.

Bien d'autres influences, je le sais, agissent dans le même sens : dans le nombre, (je le dis tout bas de peur de me faire un mauvais parti), je rangerais volontiers ces rassemblements plus courts, mais plus fréquents, et non moins tumultueux et mêlés, qui, sous le très menteur prétexte d'améliorer la race chevaline, contribuent si activement à la détérioration de la race humaine.

De fort honnêtes gens, je le sais aussi, se trouvent dans les baraques des foires, parmi de moins honnêtes. Il y a, à côté des échoppes qui abritent des manèges équivoques, des boutiques où l'on ne fait que des commerces parfaitement licites. On a vu, comme disait la jeune première de la pièce de ce nom, des saltimbanques qui ont sauté toujours honnêtement. Et l'Académie française a trouvé plusieurs fois, sous le maillot pailleté de l'écuyer ou du danseur de corde, des sujets pour ses prix de vertu. Je ne demande donc pas qu'on interdise à ces artistes, quel que soit leur art, le droit de l'exercer, ni aux amateurs le droit de les en faire vivre, si cela leur convient, sous la réserve toutefois qu'on n'y laissera introduire ni la fraude ni l'immoralité. Je demande seulement qu'on ne fasse plus, pour les attirer et leur procurer une clientèle, de la réclame et de la dépense avec l'argent des contribuables, y compris ceux qui ne vont pas les voir et qui n'aiment pas leur musique. Et je demande surtout qu'on ne se figure pas faire, en ce faisant, un bon emploi des deniers publics et une bonne affaire pour les finances municipales et pour les habitants. Je demande que l'on cesse de se croire une administration intelligente et paternelle parce que l'on commet, très solennellement et avec plus ou moins de considérants, cette énorme sottise de jeter périodiquement le trouble et l'agitation dans la commune, en y attirant l'écume des communes environnantes, de faire fuir les gens paisibles, et de déprécier

d'autant les immeubles plus ou moins atteints par la servi-
tude de la fête. Je demande, pour tout dire, que l'on ne
confère pas de faveurs au monde qui s'amuse au détriment
et aux dépens du monde qui travaille, et que l'on laisse,
sous la commune sauvegarde d'une police égale pour tous,
les choses à leur cours naturel.

Il se peut que, par suite, le nombre des entrepreneurs de
bals municipaux et des montreurs de singes et de chiens
savants vienne à diminuer. Il se peut que les hercules, les
acrobates et les paillasses voient la recette baisser et le
métier se gâter. Ils feront moins de recrues et ils passeront,
s'ils le veulent, ce qui ne leur sera peut-être pas difficile,
car ce n'est ni la force ni l'adresse qui leur manquent,
dans l'armée régulière du travail. Ce sera tout bénéfice
pour la société et probablement pour eux-mêmes. L'argent
qui paie des tours et des trucs paiera de vrais services et
des produits réels. L'ouvrier, le domestique, l'apprenti et
la jeune fille qui perdent leur temps, et autre chose, à
courir après eux de foire en foire et de tréteau en tréteau
resteront à leur ouvrage, à leur atelier, à leur école ou à
leur foyer de famille et apprendront à y trouver profit et
contentement. La richesse publique, comme la richesse
privée, y gagnera ; et la gaîté française, qu'on le veuille
croire, n'y perdra pas. Les désœuvrés seuls, et ceux qui les
exploitent, n'y trouveront pas leur compte. Je confesse que
j'ai l'esprit assez mal fait pour ne pas les plaindre, ni m'en
plaindre.